此書送給所有在教育界
辛苦奮鬥的你們

目　錄

Unit 1

Unit 2

總編輯序

孩子不會在乎你懂多少，直到他們感受到你愛他多少。

　　近年來，社會對孩童與青少年的身心健康日漸重視，這個階段的學生隨著年紀增長開始遇到生活中許多新的挑戰。在當今快節奏和高壓的社會中，我們意識到學生所面臨的考驗遠不止課業上的壓力，但對於提供學生良好的心理支持環境和適當的心理情緒引導相關的資源卻無法跟上相應的需求，以致於學生還需承擔情緒壓力的困擾，亦有學習動機不佳的問題。

　　除了學生面臨的壓力外，社會變遷的影響也給教師帶來挑戰。現代社會跟以往臺灣傳統社會尊崇教師地位的風氣截然不同，因尊重個別差異和學生中心的呼聲高漲，導致家長和政府賦予教師管教學生的權限大為限縮，傳統尊師重道的觀念式微。另外，當前教師、學校行政主管人員、家長、學生間的權利義務關係較以往更形複雜，讓教師（特別是導師）在面對爭議性的學生行為問題時越加棘手。凡此種種，均造成教師對專業角色認同的動搖和功能發揮的疑慮，使其職場適應問題益發困難，亦產生許多教師情緒問題，導致教師因壓力而產生憂鬱或身心疾病症狀的人數上升。

　　師生的幸福與情意素養越來越受到國際間的重視，無論從教師個人發展或從學生受教權的觀點來看，除了在學生的社會情緒能力培養應投注心力外，教師自身的社會情緒特性，如熱忱、自我效能、韌性、幸福感等，都應與其教學技能同樣被重視。我們應更多地關

注如何發展有效的教師支持方案、促進教師的教學效能與身心健康等議題，在學習環境中建立師生都能好好談論情緒、擁有歸屬感且溫暖友善的環境。經濟合作與發展組織(Organisation for Economic Cooperation and Development, OECD)提出「2030 學習羅盤」，即強調面對未來多變的環境，要培育學習者發展公民的核心共同價值（尊重、公平、個人和社會責任、正直與自我覺察等），引領個人以幸福為最終目標，對周圍的環境與自身的福祉產生積極影響，成就人類社會的共同福祉。

其中，社會情緒素養(social and emotional competencies, SEC)被認為是追求幸福的過程中不可或缺的能力與態度。SEC 包含：自我覺察、自我管理、社會覺察、人際技巧，做負責任的決定，共五種主要能力。而社會情緒學習(social-emotional learning, SEL)則是指兒童或成人學習培養 SEC 的過程，在國內外眾多研究中發現，SEL 有助於減少學生的行為問題、提升學業成績、降低情緒困擾以及加強學生的利社會行為等。目前美國、英國、澳洲、芬蘭及新加坡等國家已將 SEL 架構納入其課程綱要的總綱中，可見 SEL 有實徵的具體成效，能有效幫助學生發展出色的生活技能、建立積極的人際關係，也是培養有效應對挫折和負面情緒能力的關鍵。

而現階段大多數 SEL 的架構及研究發現皆來自西方國家，由於 SEL 架構中的自我、情緒及人際鑲嵌在社會框架與文化脈絡之中，在不同文化脈絡下會有不同的影響，故西方國家現行的 SEL 架構不宜直接套用至臺灣教育環境，而需考量本土文化的特性來進行轉換。儘管臺灣近年來已發現推展情意教育的重要性，但現行教育體制中甚少對於師生的情意發展投入足夠的關注，且對於 SEL 理念、理論、實務推廣與應用均在初步萌芽的階段，所以發展適用於本土教育之 SEL 相關資源，是當今刻不容緩的工作。

鑒於國內教育對於發展本土化 SEL 的迫切性，臺師大社會情緒教育與發展研究中心(Social Emotional Education and Development Center, SEED)應運而生。本中心旨在配合全球社會情緒教育與執行功能發展趨勢，將研究典範落實並深化到社會情緒學習與教學研究，結合本校教育心理、理工、運動休閒、科技工程、師培等跨領域專長與世界頂尖教育研究，首創全臺以實證為基礎的社會情緒教育課程。本中心為提升學生與教師在社會情意面向的相關能力，除在政策推動及國際交流投注心力外，亦為推展 SEL 議題實地開辦多場講座教學、活動及工作坊，已累積有豐富教案、教材、理論及實務應用。冀望藉由將學術研究與實際應用結合之成果，能積極發揮 SEL 在臺灣教育的影響力，以推動社會情緒教育的創新和改革。

「社會情緒與教育發展」系列叢書為 SEED 中心與臺師大出版中心聯合出版，是一系列兼顧理論與實證的 SEL 叢書，希望藉由出版此系列叢書提供臺灣教育工作者、關注情緒教育者如何在地推展社會情緒教育的實作導引，彌補現有情意教育資源的不足，創造更完整有效的 SEL 架構。

參與「社會情緒與教育發展」系列叢書作者群為本中心跨領域專長師資，由本中心主任陳學志教授帶領，結合中心研究人員不同專業背景並透過跨領域整合，編撰「社會情緒與教育發展」系列具專業性及實務性之書籍，期望帶動現行教育體制在非認知能力和社會情緒技能之發展，除了提升臺灣校園師生的情意素養，進而對建立幸福家庭、學校支持環境提供實務上的建議與協助。

《邁向幸福的療癒之旅：BEST ME 教師社會情緒學習指南》是「社會情緒與教育發展」系列叢書的第一本著作。在 SEL 被廣泛應用於臺灣校園之前，教師身為 SEL 重要的推動者，也是校園中和學生互動

最爲密切的角色，所以教師本身應首先成爲一個開心、快樂和幸福的人，藉由教師的身教及言教推動 SEL，才有辦法給學生、社會帶來深遠的影響。因此，本書在理論基礎上，提供與教師工作情境相關、便於日常實踐之 SEL 活動、小任務等，可以讓教師在繁重課務及行政工作之中，實際感受 SEL 爲生活帶來正面的影響。本書可以讓教師擁有感受快樂及幸福的能力，爲校園推展 SEL 課程增添助力，並朝向形塑身心健康、人際和諧、社會進步的幸福教育願景邁進。

臺師大社會情緒教育與發展研究中心

主任　陳學志

作者序

　　您是否也曾經想過，教育要如何幫助年輕人準備好面對未來的挑戰？

　　二十一世紀是一個變化多端、充滿挑戰的年代，未來年輕人將要面對不斷汰舊換新的工作和高度科技化的生活。因此，除了專業能力和認知能力，年輕人也需要具備軟實力來因應挑戰和適應變化。近年，國際社會上不斷強調全人教育，並將社會情緒能力定為「重要的未來能力」，即是為了讓教育和未來社會能更好地接軌。從另一個角度來看，若我們期望教育能夠創造一個愛與公正且持續進步的社會，那麼我們也會需要社會情緒能力的培養——讓未來時代的創建者，成為一群身心健康、能夠覺察自己、同理他人、且能有意識地為社會作出貢獻的良好公民。在最近幾次的國際學生評量（Programme for International Student Assessment, PISA）中，臺灣的數學與科學成績一直穩定地位於全球前十名之內。顯示臺灣學生出眾的認知能力。然而在非認知能力測驗中，臺灣學生卻排行全球倒數第七，甚至在「害怕失敗」的單向評量中居於全球末位。這告訴我們一個警訊：臺灣教育的缺口，不是在於認知知識的傳遞，而是非認知能力和社會情緒技能的發展。

　　所謂社會情緒學習（Social Emotional Learning, SEL），是以學習社會及情緒能力為基礎，培養良好公民的全人教育過程。SEL 不僅是教育的一種方法，也可視為一個全面性的框架，旨在整合情緒、認知和行為發展。透過五大核心能力指標—自我覺察、自我管理、

社會覺察、人際技巧以及承擔決定—SEL 試圖培養出既有社會責任感，也具備個人能力的全人（whole person）。許多人可能會誤會全人教育期待的是教出「完美的人」；實際上，全人教育志在解放而非馴化，尊重和發揮每個學生的獨特性，讓他們有機會發展成為他們想要的自己。這樣的教育過程重視每個學生作為一個獨立個體的多面性，並鼓勵他們在學業、人際以及個人發展等各方面達到平衡。因此，社會情緒學習不僅有助於學生在學業上的成功，更能促進他們在社會與職場中的適應與貢獻。

自我覺察與自我管理，是 SEL 中非常重要的兩個指標。這兩者從個人內在出發，重視內在與自我的探索，旨在促進我們對自身情緒、優勢，以及管理自我以實現目標的素養能力。SEL 特別強調，向內探索和接納自己是一個重要的過程。通過這樣的自我認識，我們不僅有機會發掘出自己的優勢，還能認同自己的文化和價值觀，進一步發掘潛能並實現心靈的滿足。其次，SEL 透過社會覺察與人際技巧的能力培養，幫助學生發展尊重、關懷、感恩等重要的社會能力，讓學生能與他人建立支持性而非互相消耗的人際關係，順利的在生活中進行合作、溝通，發揮團隊及社群的力量。最後，承擔決定的核心在於成為一個在家庭中、社群中和社會中都負責且有正向貢獻的角色，這個指標結合前四項技能，幫助學生培養能做出對於自己、他人、社會都好的選擇能力。

SEL 通過系統化的方法和科學實證研究的支持，引領學生發展重要的未來技能，以面對未知的挑戰。我們深信，若能在臺灣的校園、家庭及社區共同推動 SEL 教育，我們將能帶給年輕人極為有利且有效的支持。在 SEL 被廣泛應用於臺灣校園之前，我們認為教師身為 SEL 重要的推動者，應首先成為一個開心、快樂和幸福的人。這種立場基於一個簡單但關鍵的理念：只有在教師自身達到身心靈

健康和高度社會情緒素養的情況下，他們才更有可能以正面和有效的方式影響學生。因此，我們特地設計此「BEST ME」的教師培訓課程，用於培養教師的幸福感以及社會情緒能力，同時特別專注在自我覺察與自我管理兩項指標。

本書搭配課程涵蓋六個主要單元，可共同幫助教師對社會情緒學習建立初步的認識，同時提供一系列實用的練習和工具，以促進自我覺察和自我管理，最終達到提升幸福感的目標。在訂定課程架構的過程中，我們參考了正向心理學中「通往幸福的三個階梯」的理論，這三個階梯分別是：正向情緒、發掘個人優勢，以及尋找人生的意義和目的。以此理論為基礎，「BEST ME」從腦科學出發，探討情緒如何產生、如何影響我們的行為，接著結合 SEL 的架構及方法，帶入尋找優勢力以及尋找人生目標等內容，同時涵納 EQ 情商理論、正念（mindfulness）、自我慈悲（self-compassion）和擴展與建構理論（broaden-and-build theory）的模組來增加課程的豐富程度。期望藉由「BEST ME」提升教師的社會情緒素養，同時推廣並推動社會情緒學習在臺灣教育現場的發展。

當全球的政府及組織都積極推動社會情緒學習的當下，我們期望臺灣也能加入其中，帶動教育的進步，同時符合 OECD 2030「推動個人及社會福祉」的目標。讓我們一同從成人和教師開始，從日常和教室開始，一步一步，邁向更健全幸福的社會。

What we wish to achieve

近 30 年來，教師角色變得更複雜與多元，除了課程設計和教學之外，也需要參與校務行政和專業社群的發展；然而在教師的工作廣度與份量與日俱增的同時，教師職業的滿意度與幸福指數卻不見提升。根據國家教育研究院公布的 2018 年教學與學習國際調查

(Teaching and Learning International Survey, TALIS) 指出,接近五分之一的教師認為教師工作對其身心有負面影響,且需提早因應。近期,新課綱強調培養適應現代生活及面對未來挑戰所需的素養,進而帶動教學模式的轉變,並促使教師自主學習、提升自身專業成長;然而,多數教師尚未完全準備好教學環境的轉變,如此極可能造成教與學的困境。

　適應新的教學內容之餘,社會變遷的影響也為教師帶來挑戰。不僅教師的社會地位相對下降,由於高等教育的普及,高學歷家長的數量也在臺灣大幅增加。這導致了對教學方法和教育目標的期望也相應提高。同時,隨著人權意識的提高,學生的自我意識抬頭,這無疑增加了學校管理的複雜性。此外,教師和學校行政人員面臨的困境也在各種調查中逐漸浮現。例如,OECD 於 2015 年針對科學教師所發布的報告指出,臺灣的教師工作滿意度低於全球平均 (Mostafa & Páál, 2018)。而根據教育部校安統計,110 學年度高中以下教師自殺、自傷件數從以往的 45 件增加至 61 件,111 學年度還甚至來到了 71 件,尚且不包括教師因壓力而產生的憂鬱或身心疾病症狀的人數。綜上所述,無論從教師個人的發展或從學生受教權的觀點來看,教師自身的社會情緒特性,如熱忱、自我效能、韌性、幸福感等,都應該與其教學技能同樣受到重視。我們應更多地關注發展有效的教師支持方案、促進教師的教學效能與身心健康等議題,進而留住更多優秀教師,並促進學校教育整體發展。

　不只是教師的身心健康,學生亦受社會變遷影響。根據兒童福利聯盟於 2020 年臺灣學生網路霸凌現況調查顯示,有近八成兒少曾遇過網路排擠問題,兒少常見網路霸凌行為以批評、辱罵、嘲笑居多;近半數(47.0%)兒少曾經涉入網路霸凌事件,遠高於 2016 兒盟調查的 22.2%,有提升的趨勢。另外,有 36.3% 的兒少曾被網路

霸凌，等於平均每三名兒少就有至少一名曾被網路霸凌。網路霸凌會對兒少造成諸多的影響，其中最常見的是情緒沮喪（31.2%）及對人際社交互動感到憂慮與緊張（23.6%），更有 10.7% 孩子曾出現自殺或自傷的念頭。

近年來，臺灣校園出現的情殺、自殺案件頻頻引起公衆警覺，從世新情殺到台大的潑硫酸自刎事件，以及近期教師與學生衝突，都讓我們意識到情緒教育已成爲迫切且嚴肅的議題。國際教育組織如聯合國教科文組織（UNESCO）、聯合國兒童基金會（UNICEF）、經合組織（OECD）、教育研究與創新中心（CERI）、世界經濟論壇（WEF）等，都開始向全球教育部門推薦社會情緒學習，許多國際期刊也重複提到 SEL 的重要性（例如：Clarke et al.,2021；Durlak et al.,2011；Durlak et al.,2022；Taylor et al.,2017）。國外已有研究證實，提升個體的社會情緒能力，有助於提升幸福感，且能夠增進情緒調控能力及面對生活壓力的彈性。若成人開始重視情緒教育，便能成爲兒童的榜樣。此舉有助於兒少學習自我覺察，進而達到情緒與行爲的調控，同時幫助他們在同儕關係與被霸凌知覺中，增加自我保護的行動能力。因此我們積極倡導：增加學習社會情緒能力的課程，激發教師對社會情緒學習的重視與對學生的積極關懷，進而在學習環境中建立師生都能夠眞誠的談論自身感受、擁有歸屬感且溫暖友善的環境。

總結來說，一個支持社會情緒發展與學習的環境，不論是孩子或成人，每個人都應該擁有機會在這樣的氛圍中實現自己的潛力。爲達成這個目標仍需多方努力，包括改變教育體制，以更好地支持教師與學生的專業發展和心理健康；並且，我們每個人也能在自己的生活中做出貢獻，開始重視自身的社會情緒素養的培養。這個轉變可以由個人出發，透過學習如何建立健康的情感關係、提升自我認識和情緒調節能力開始，逐漸擴展到教室、校園、社區和整個社會中。

　　當這種自覺和成長變成一種共同的價值，我們組成的團體將具有更大的影響力，最終將帶來系統性的改變。因此，我們鼓勵大家積極參與 BEST ME 社會情緒學習課程，這可以作爲開始意識且重視社會情緒學習的第一步。通過學習新的心態和知識，我們可以逐漸提升自己的自我覺察和自我管理能力，爲更美好的未來共同努力。

　　本書是社會情緒教育與發展研究中心（Social Emotional Education and Development Center，簡稱 SEED Center）多年努力的成果，旨在促進教師的自我成長。我衷心感謝國立臺灣師範大學出版中心對本書的支持，以及參與「BEST ME」課程開發的教師和研究團隊。特別感謝李晴、黃婕姝和黃雅琪參與本書多階段的圖文設計工作，正是有了他們，本書才得以成形。此外，對於所有在過程中提供寶貴意見和反饋的同仁和夥伴，我也深表感激。你們的見解和建議使「BEST ME」課程日臻完善，有助於我調整和精進教材，以確保每個模組都能精確地滿足教師的需求。感謝你們的專業與熱情，我們共同創建了一個更具包容性和有效性的學習環境。

　　再次感謝所有參與和支持的教師，你們的貢獻讓「BEST ME」課程得以茁壯成長，成爲推動社會情緒學習發展的堅強基石。我期待未來能夠繼續與你們合作，共創更多可能。

臺師大幼兒與家庭科學學系

助理教授　吳怡萱

承諾信

　　這個 SEL 工作坊課程有助於提升教師們的社會情緒能力，讓教師們在面對教室裡的小怪獸們時能夠見招拆招。在這六次工作坊的期間，我們需要大家的投入，除了上課積極主動參與討論外，課餘也需要撥出時間完成小任務。透過討論交流及小任務，你能夠學習到關於社會情緒的知識和技巧，並為想法、行動、人生意義帶來新觀點。通過此課程所提升的情緒調節能力及幸福感，將有助於發展師生關係及親師互動，若往後持續將課程中的知識與技巧運用在日常生活中，將能為生活帶來更大的助益。

我(姓名)＿＿＿＿＿＿＿願意積極主動地參與課程，我能夠：

○ 參與團體討論

○ 參與課程

○ 完成回家小任務

團體公約：

為了讓接下來的活動能順利進行，我們要共同制定一些團體規範。

1. 準時出席課程

（開始時間：＿＿＿＿＿＿＿；結束時間：＿＿＿＿＿＿＿）

2. 給彼此尊重與支持

3. 不在課後與他人談論在課程中提到的個人資訊

4. 其他：＿＿＿＿＿＿＿＿＿＿＿＿＿＿＿＿＿

承諾人：＿＿＿＿＿＿＿＿　　日期：＿＿＿＿＿＿

現在你已經決定要參與 SEL 課程，希望你可以收穫滿滿回家！

課程內容

Brain

Unit 1
大腦的潘朵拉盒子

Below the Surface
大腦、壓力、情緒、身體之間的關係

Emotion

Unit 2
R&R 之間・辨識到調節

Recognize to Regulate
情緒靈敏度、做自己情緒的主人

Strength

Unit 3
我的優勢(U4)力

Dare to be Different
亮點的神奇力量

Time for self

Unit 4
生活不只是生存

Living or Surviving
再忙，也要留點時間照顧自己

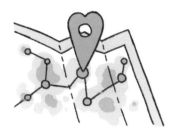

Meaning

Unit 5
人生的藍圖

Growth and Fixed
歸屬到理想，人生的意義在哪裡？

Education

Unit 6
駕駛 SEL 宇宙飛船

Theory to Practice
從理論到實務，種下 SEL 種子

Unit 1
大腦的潘朵拉盒子

Below the Surface.
大腦、情緒、身體之間的關係

William James

Action may not always bring happiness, but there is no happiness without action.

大腦是bottom-up的，先感受自己是否安全、被愛，才決定認知。

我知道好好引導學生調節情緒很重要，但其實同理、跟著孩子一起感受情緒，更是首要。

課前我認為SEL就只是等於「社會情緒」，課後我認為SEL一直落實在我的生活中。

原來正念不是正向，而是此時此刻。

Unit 1
大腦的潘朵拉盒子

當我們踏入社會情緒學習的旅程，我們首先要深入了解一個神奇而又神秘的器官—腦。腦是我們思考、感受、行動的指揮中心，也是我們與外界互動的重要橋樑；然而，有些人可能認為他們的情緒和行為反應是由先天、原生家庭或腦在幼兒時期修剪突觸的關鍵時期等所決定，似乎難以改變。但事實上，腦具有驚人的可塑性，它能不斷地連結或強化新的行為反應路徑，哪怕是在成年後也一樣。

這就是本章的核心訊息：改變從來都不嫌晚，因為腦永遠都在學習，永遠都在成長，我們隨時都能開始學習社會與情緒技巧，提升我們的社會情緒素養。

在這個章節中，我們將深入探討腦的功能、創傷印記與狀態依賴，讓大家理解情緒如何影響我們大腦，進而形塑我們的行為反應。

我們真的能控制所謂「情緒化的行為」嗎？有什麼步驟可以降低這些情緒造成的影響，讓我們感受情緒的同時，完成想做的事？其實，許多行為表現是本能，並非意志和說理能輕易改變。無論我們的背景或過去經歷如何，我們都有能力透過學習和實踐，改變自己的情緒反應、思維以及與他人的互動方式。

所以，不要再讓過去困擾你。讓我們利用腦的無限潛能，為自己開創新的機會，一起重新探索、連結，並透過社會情緒學習的力量，逐步調整我們的情緒、認知和行為，理解自己和他人，實現更豐盛的生活。

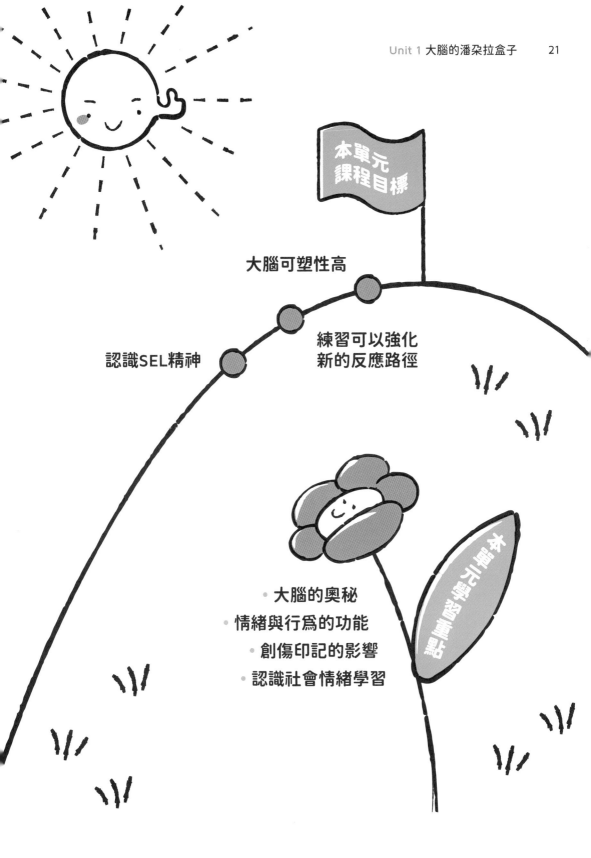

本單元課程目標

大腦可塑性高

練習可以強化新的反應路徑

認識SEL精神

本單元學習重點

・大腦的奧秘
・情緒與行為的功能
・創傷印記的影響
・認識社會情緒學習

Q：在學校／日常生活中讓你最頭痛的事情是什麼？

Q：你直覺的處理方式是什麼？

小活動 1：情緒象限圖

你今天過得如何？

我今天感到 ⋯⋯⋯⋯⋯⋯⋯⋯⋯⋯⋯⋯⋯⋯⋯⋯⋯⋯⋯⋯⋯⋯⋯⋯⋯

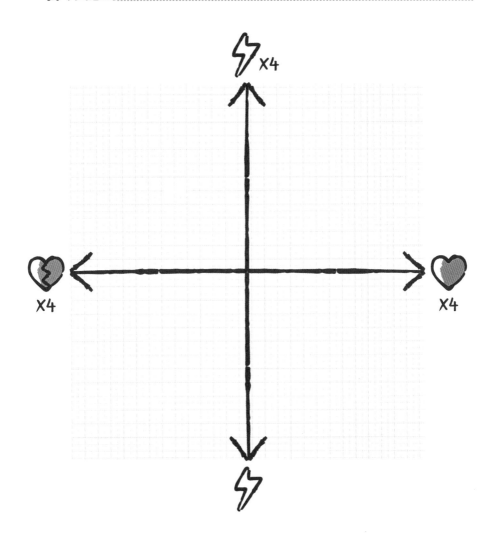

小活動 2：情緒和行爲如何產生？

	情　緒		行　爲
	1.	➡	1.
	2.		2.
	3.		3.

	情　緒		行　爲
	1.	➡	1.
	2.		2.
	3.		3.

	情　緒		行　爲
	1.	➡	1.
	2.		2.
	3.		3.

小活動 3：大腦的發展

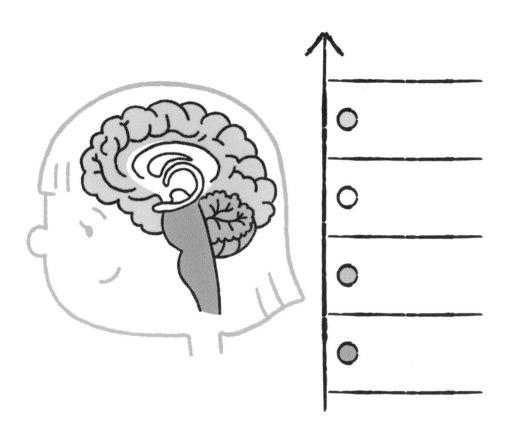

小活動 4：3Rs

3Rs

| 我是否安全？ | 我是否被愛？ | 我是否可以學習？ |

哪一個問題會最先出現呢？

把三個 R 的問題分別填入下列的框框中。

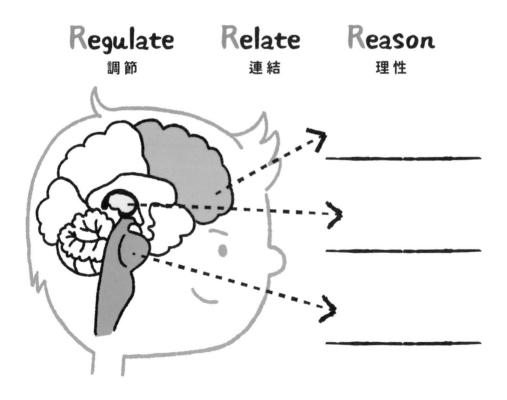

小活動 5：壓力與創傷

💬：什麼是狀態依賴？創傷的定義？壓力會造成創傷嗎？

💬：你自己小時候曾有過創傷（或讓你感到恐懼的事情）嗎？
　　或是你遇過受到創傷的孩子嗎？

SEL 介紹

　　我們能做以下事情支持社會情緒發展與學習：

(1) 營造支持社會情緒學習的環境

(2) 直接教導社會情緒學習的技能

如同馬斯洛提出的需求層次理論：

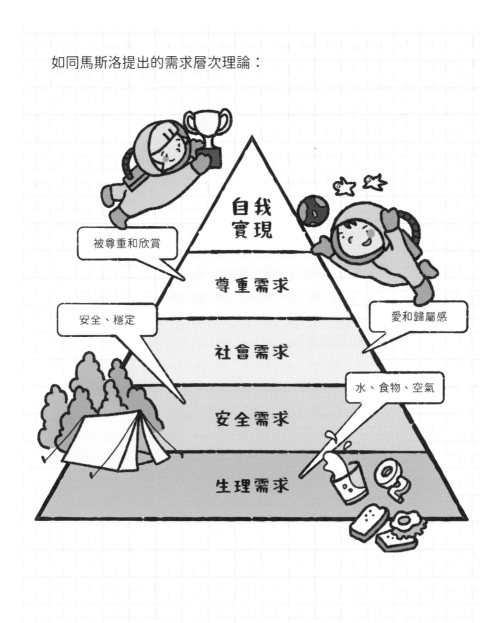

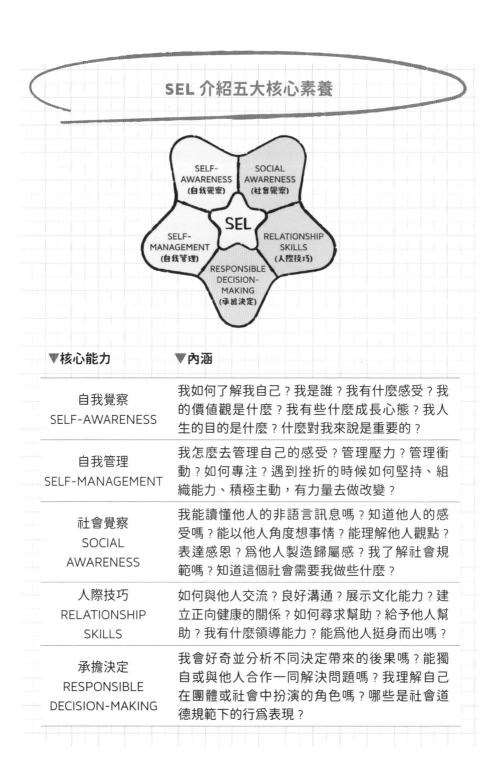

SEL 介紹五大核心素養

▼核心能力	▼內涵
自我覺察 SELF-AWARENESS	我如何了解我自己？我是誰？我有什麼感受？我的價值觀是什麼？我有些什麼成長心態？我人生的目的是什麼？什麼對我來說是重要的？
自我管理 SELF-MANAGEMENT	我怎麼去管理自己的感受？管理壓力？管理衝動？如何專注？遇到挫折的時候如何堅持、組織能力、積極主動，有力量去做改變？
社會覺察 SOCIAL AWARENESS	我能讀懂他人的非語言訊息嗎？知道他人的感受嗎？能以他人角度想事情？能理解他人觀點？表達感恩？為他人製造歸屬感？我了解社會規範嗎？知道這個社會需要我做些什麼？
人際技巧 RELATIONSHIP SKILLS	如何與他人交流？良好溝通？展示文化能力？建立正向健康的關係？如何尋求幫助？給予他人幫助？我有什麼領導能力？能為他人挺身而出嗎？
承擔決定 RESPONSIBLE DECISION-MAKING	我會好奇並分析不同決定帶來的後果嗎？能獨自或與他人合作一同解決問題嗎？我理解自己在團體或社會中扮演的角色嗎？哪些是社會道德規範下的行為表現？

筆　記　區

小活動 6：正念花生

　　讓我們深呼吸幾下、靜下心來，一起透過自己的五感，感受花生的紋理、香氣、味道、表皮硬度等，看看自己對花生有什麼樣的認識吧！

活 動 心 得

小活動 7：SEL 行動

：想想看，自己生活中哪些行動較具有 SEL 的意識呢？哪些行動則缺乏 SEL 概念？

小活動 8：SEL 校園

Q：你覺得目前在校園中，有做到哪些跟 SEL 概念有關的行為？

Q：SEL 五大指標中，你覺得現在在班級中你做到哪些？有哪些指標可以再投入更多心力呢？

小活動 9：靜觀呼吸

：短暫的專注呼吸，有什麼不一樣的感受？

回家小任務 1：正念飲食

　　放下手機，專心吃飯，細細咀嚼每一口食物，感受米飯及菜餚在口中的質地、味道，口水的分泌、胃漸漸被充滿的感覺。在下方寫下你的反思吧！

回家小任務 2：情緒日記打卡

　　每天挑選一件讓自己印象最深刻的事情，挑選適合的情緒圖卡，或在紙條上寫下自己的情緒，並搭配一個能夠營造出該情境的照片，傳上群組與大家分享吧！

Theodore Roosevelt

No one cares how much you know, until they know how much you care.

Unit 2

R&R之間
辨識到調節

Recognize to Regulate

情緒靈敏度、做自己情緒的主人

Marc Brackett

Labeling your emotion is the key. If you can name it, you can tame it.

臺東縣
國中
特教老師

3:1是正負向情緒的黃金比例，了解覺察自己的狀態是第一步，只有後面的調節是不夠的。

臺北市
國中綜合
活動老師

去體察情緒起伏的真正原因，擁抱所有情緒，了解、調適後再做回應。

花蓮縣
國中
國文老師

情緒沒有正負之分，例如「生氣」是種前進的動力，可以促成改變。

臺中市
國中
班級導師

正向思考不見得一定是好的，只有正向過猶不及都不是最好的狀態。

Unit 2
R&R 之間・辨識到調節

　　繼續探索社會情緒學習的旅程，我們將聚焦在一個極其重要卻常常被忽視的主題─情緒。情緒是我們內在世界的重要指標，它無時無刻傳遞著有關自己的訊息。許多人在面對情緒時，常常採取避免或壓抑的方式，追求所謂的「理性」，誤以為情緒是麻煩的源頭。然而，許多研究發現，正視情緒、接受它的影響，才能幫助自己做出明智的判斷。任何情緒都有無比重要的功能，並無好壞之分，是引導我們向更好生活邁進的重要導師。

　　這也是為什麼近年來研究情緒的學者們，紛紛提倡情緒命名的重要性。學習命名、接納、覺察自己的情緒狀態，從中找出適合自己的調節方法，是我們學會認知自己需求的重要歷程。

　　本章除了深入探討正負向情緒的定義與功能，也將帶到調節情緒以前需要了解的三個重要觀念：負向情緒的重要性、情緒靈敏度及情緒科學家，讓我們對情緒有正確的態度與認知，並允許自己去感受。

　　我現在是什麼情緒？它想告訴我什麼？說出我的情緒真的能改變什麼嗎？真相是：語言能讓自身隱含的需求從潛意識浮出，當你準確地說出來、加以探究和理解情緒背後的感受，接納和調節情緒便會容易許多。

　　因此，我們要開始覺察自己的情緒，不再忽視它們的存在。接納情緒，不論它們是喜悅、悲傷、憤怒還是恐懼，都能讓我們更深入地認識自己，了解我們的自身需求。讓我們一起勇敢面對情緒，幫它命名，感受它，並學會有效地調節，成為更自由、真實、豐盛的自己。

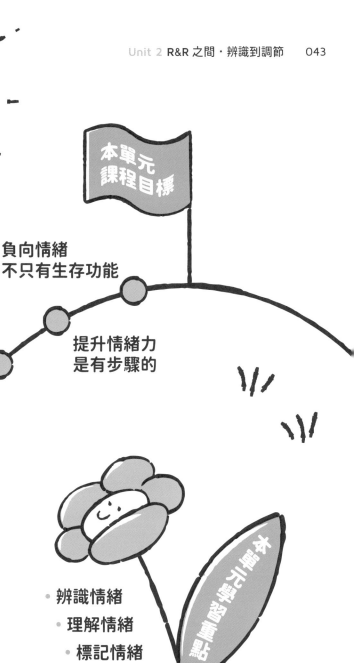

負向情緒
不只有生存功能

本單元
課程目標

命名很重要

提升情緒力
是有步驟的

本單元學習重點

- 辨識情緒
  - 理解情緒
    - 標記情緒
      - 表達情緒
        - 調節情緒

小活動 1：角色扮演

分三人一組，分別選一人扮演敘事者、對話者、觀察者。請敘事者挑選近期一件印象深刻的事情分享，對話者負責傾聽並回應，觀察者負責觀察紀錄。角色扮演結束後，請討論：

Q1：請敘事者分享一下，剛剛對話者說了什麼，幫助你能夠說出更多的事情與感受？

Q2：請對話者分享一下，剛剛敘事者分享了什麼故事？聽到什麼讓你印象最深刻？有什麼感覺或共鳴？

Q3：觀察者請完成任務後，向其他人分享你被指派的任務
　　　為何？你還有觀察到什麼？

小活動 **2**：為什麼我們不常談情緒？

Q：想想看為什麼我們不常使用情緒詞彙？

擴展與建構理論 (Broaden-and-Build Theory)

　　當人處於正向情緒時，開放性會較高，更有可能會留意到身邊的事物。正向情緒的經驗可以幫助個體擴展自己的思考與行動，並且能夠建構且拓展個體的資源(Fredrickson, 2001)。

研究發現幸福較高者的「正向情緒：負向情緒」等於 3:1
快樂教師 = 快樂學生(余民寧、陳柏霖，2017)

- ⬤ 情緒幸福感
- ⬤ 自我效能
- ⬤ 學習動機
- ⬤ 正向因應壓力策略
- ⬤ 學習結果

情緒靈敏度 (emotional agility)

　　情緒靈敏度由哈佛大學心理學家 Susan David 所提出，她表示世界常常要我們正向，然而情緒是具有功能性的，尤其是負向情緒，可協助指引人生方向。因此情緒靈敏不是要壓抑或快速從負向轉正向，而是要抱有接納的勇氣。願意看見與覺察情緒才有機會改變。

 TED talk

Susan David-
The gift and power of emotional courage

小活動 3：情緒解鎖？

Q：允許自己感受是什麼意思？「情緒解鎖」對你而言是什麼？

Q：能允許你「做自己」、「表達眞實的感受」的人會具備什麼特質？

情緒的定義

　　「情緒」可被解釋爲一個主觀認知經驗的通稱，是由某種刺激(內在身體狀況或外在刺激)所引發的多種感覺、思想和行爲，綜合產生的複雜情感反應與生理的變化。(張春興，1989)

● 代表各種不同的情感

● 涉及我們行爲、思想、生理和心理的狀態

● 行爲背後的驅動力

● 連結著我們對外在環境事物的主觀感受

情緒的功能

● 專注力 | 記憶力 | 學習能力：情緒可幫助我們學習

● 決策：情緒會牽動著我們所做的每一個決定

● 與他人的關係：是該靠近還是該避開呢？

● 身心健康：當情緒來臨時，不去面對，終究會慢慢侵蝕我們

● 效能與創造力：不知如何面對挫折，那麼也無法前進

小活動 4：情緒＿＿＿＿家

Q：勾選下面你符合幾個項目：

◯ 將情緒視爲錯誤和軟弱

◯ 將情緒視爲永恆

◯ 是批判的、封閉的、忽視情緒

◯ 處於知情者模式（進行歸因）

◯ 將情緒分爲好壞

◯ 不管我怎麼努力，一切都是命中注定

◯ 接受所有情緒作爲訊息

◯ 將情緒視爲短暫的

◯ 是開放的好奇和反思

◯ 處於學習者模式（調查）

◯ 想要追根究柢事情／情緒／行爲背後的原因

◯ 只要我努力，所有事情都有可能性

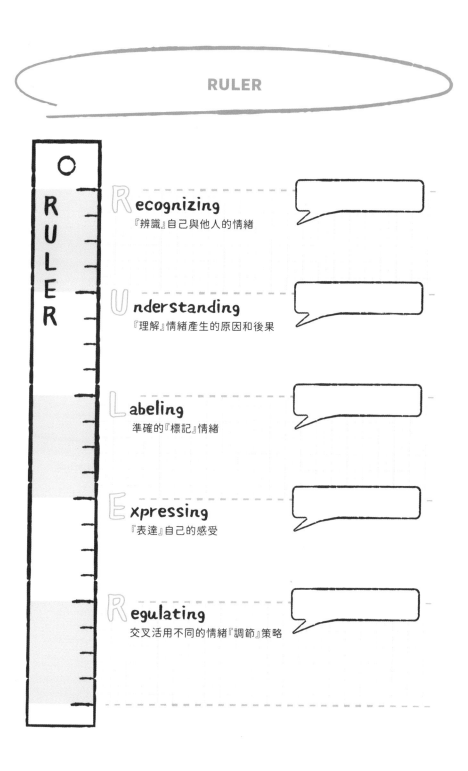

小活動 5：察言觀色我最行

💬：組員做一個臉部表情，試著畫下他的表情，並寫下你覺得這個是什麼情緒？

Q：跟組員看同一張表情圖，分享大家各自認爲這是什麼情緒？大家所認爲的情緒有何異同？

情緒認知上的差異在哪裡？

情緒調節小技巧——聽、停、看、行

Step 1
聽聽自己的感受
（感受想法、生理反應、行為表現）

Step 2
停下來
（深呼吸、退一步、轉移注意力、晚點再談談）

Step 3
看見最好的自己
（你希望你最好的自己是什麼樣子？）

Step 4
行動吧！
（挑選適合自己的調節方法）

靜觀呼吸小咒語

 呼吸的時候默念

吸氣：心平

吐氣：氣和

吸氣：平心

吐氣：靜氣

吸氣：壓力

吐氣：釋放

我的小咒語是

吸氣默念：

吐氣默念：

吸氣默念：

吐氣默念：

吸氣默念：

吐氣默念：

小活動 ⑥：Best Self

(1) 選三個形容詞形容自己

(2) 朋友或學生要介紹你時，你希望他們怎麼介紹你？

(3) 你想成為怎樣的自己？

(4) 怎樣才能貼近心目中的自己？

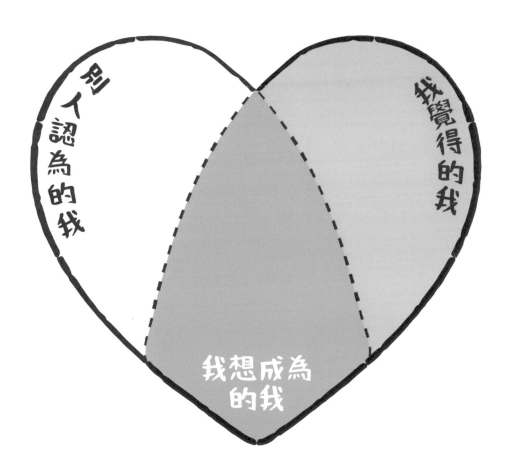

(4) 怎樣才能貼近心目中的自己？

我可以怎樣調節情緒

⬤ 尋找社會支持

⬤ 聚焦於解決問題的方法

⬤ 休閒運動

⬤ 做能讓自己放鬆的活動

⬤ 拜訪親密的朋友

⬤ 努力達成工作

⬤ 聚焦在正向的面向

⬤ 接受自己已經盡力了

⬤ 參加團體活動 / 倡議活動

⬤ 尋求專業的協助

⬤ 用幽默的態度面對

⬤ 尋求靈性的支持

(Frydenberg, 2022)

小活動 7：情緒回憶錄

💬：想想看過去曾經讓你有不舒服情緒的事情，你當時的情
緒感受是什麼？有什麼自動化反應（想法、生理反應）？

當時 _____

_____

_____

_____

我覺得 _____

_____

_____

_____

_____

_____

：試試看，用「聽停看行」，在框框內寫下自己可以怎麼做？

Q：想想看，開始用「聽停看行」後，我可能有什麼不同的感受與行動？

小活動 8：情緒調節的試駕練習

　　未來這一週如果發生讓我情緒激烈的事情（如生氣、難過），我可以

_____

_____

_____

_____ 幫助自己。

我使用了這個技巧，可能事情會 _____

_____

_____

_____

我可能會面臨到什麼阻礙

_____

_____

_____

續下頁

我可以

讓我感到安適一些。

回家小任務：情緒駕駛新手上路

　　將活動 8 運用到未來一週的生活中，寫下你的反思及改變，若遇到了困難，也可以記下來，下次一起討論唷！

CASEL

　　找到自己的平衡點，包含給自己確認當下的情緒和想法的時間、要讓自己與他人知道你需要什麼、專注於自己的感受，並適時尋求協助。

Unit 3

我的優勢 (U4) 力

Dare to be different

亮點的神奇力量

Roy T. Bennett

We are all different. Don't judge, understand instead.

臺中市
高中職
國文老師

過去覺得看見學生的不足處可以協助他們改進，使他們進步，現在才知道，協助學生找到自己的的亮點會是更重要的課題。

臺中市
高中職
國文老師

不需要一味拘泥於是否正向，關鍵在看見更多可能以及允許成長。

屏東縣
高中職
班級導師

歸屬感還包含了與別人之間的正向連結，並且是個自由自在的個體，不用爲了融入而努力。

Unit 3
我的優勢 (U4) 力

社會情緒學習旅程的下一站，我們將關注一個許多人感興趣但又摸不清的主題—優勢力。在充滿各種可能性的世界裡，我們都想找到屬於自己的位置，展現自我價值。每個人都擁有獨特的性格優勢，是內在的寶藏，若善用這些特質，便能爲生活帶來耀眼的光芒。然而，要了解這個主題前，我們首先需要明白一個事實：大腦在本質上傾向於關注負面情報。這是一種天生的生存機制，幫助我們識別潛在的危險和問題。再加上後天的教養和社會影響，我們往往會在成長過程中受到強調錯誤和負向的訊息。這或許是爲什麼許多人傾向於關注自己的不足之處，而忽視了自身的優點和優勢。

了解這個眞相的好處在於我們不必對自己過於苛刻，要求自己一定要時刻保持正向，這種壓力反而可能讓我們變得不快樂。雖然我們會對自己的情感和性格特質感到困惑或不知所措，但積極的嘗試終究會讓我們學會如何善用它們。

在這一章中，我們將深入研究個人優勢、性格特質及有助潛力發揮的重要觀念，讓我們得以挖掘自己的亮點，並將之培養茁壯。

我的優點是什麼？我該怎麼培養優勢力？我們都知道，能力養成並非一蹴可及，自己、他人和環境與自己的互動，讓自己感到安全、被接納與尊重，我們才能有勇氣嘗試，讓自己的力量萌芽。

因此，在認識自己之餘，自我的對話、環境帶給自身的感受都要時刻注意，這是培養優勢的基礎。讓我們一起開始重視自己的聲音，給予自身機會與包容來成就非凡。

本單元
課程目標

點燃生命中的 spark

正向是一種選擇
不是絕對

爲什麼不好的經驗
都記得比較久

校園歸屬感
的重要性

本單元學習重點

- 優勢力與亮點
  - 負向認知偏誤
    - 毒性的正能量
      - 歸屬感的元素
- 連結、溝通、貢獻
- 正念伸展與身體掃描

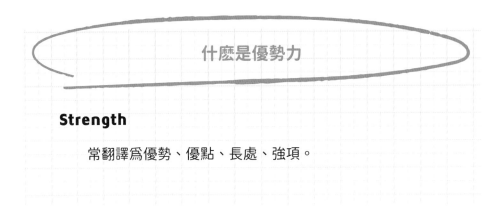

什麼是優勢力

Strength

常翻譯為優勢、優點、長處、強項。

小活動 1：我的優勢 (U4) 力

❓：寫下你的三個性格特質 (如：遵守承諾、有耐性、謹慎等)

1.

2.

3.

Q：量表測出的結果

1.

2.

3.

4.

5.

Q：結合自己認為的，和量表測驗結果，統整出自己的優勢

小活動 2：畫出自己

Q：在下方畫一個你的自畫像，擁有這些特質或優勢的自己會做什麼行動，會有什麼表情，周圍有什麼事物等等都可以在以下的自畫像中呈現。

尋找自身的亮點

　　你的亮點是一件做起來讓你充滿自信和力量的事。它不只是一個你擅長的事情——那會被稱爲技能。亮點是一個你擅長且能讓你感到興奮的事。相反地，弱點則是一件讓你感到乏力的事，它可能是一件做得到的事，但做起來卻會讓你感覺活力不斷在流失。

從事亮點活動時

你會很有活力和能量，這就是一個心流

你常會沉浸在裡面，忘記時間的流逝

不論方法或資訊，你都學得特別快

小活動 3：尋找我的亮點

Q：寫下你的三個亮點：

1.

2.

3.

小活動 4：這週的好事與壞事

Q：在時間內寫出這禮拜所有不順利的事：

Q：在時間內寫出這禮拜所有順利的事：

負向認知偏誤

　　我們的大腦存在著很多不同的認知偏誤，它們會產生許多不理性的結果。而所謂的負向認知偏誤，是指負向經驗比起正向經驗在心理層面上更被人所重視的現象。此外，有研究指出，負向情緒帶給人的影響是正向情緒的三倍之多。

毒性的正能量

　　毒性正能量是指我們應該只聚焦在正向情緒與生活的正向層面，忽視負向的情緒及層面。

 毒性正能量的特徵

羞恥、壓抑情緒、不切實際的目標、孤立及其他人際問題。

▼毒性正能量	▼非毒性有效的回應
別想了，正面一點	說說看你的感覺，我會聽你說。
不要擔心，開心一點	我看到你壓力很大，有什麼我能幫忙的嗎？
我不能失敗	失敗為成功之母，你會更強。
一切最後都會好起來的	我知道很難，我會在這陪你。
給你一點正能量！加油！	無論發生什麼事，我都會陪著你。
我做得到你也做得到	每個人各有所長，沒有關係。
不要想那些壞的	人生好難，你不孤單。
往好處想	我知道，我懂，我在這裡陪你。
事出必有因，你再想想	人生有起有落，我現在可以怎麼樣幫你？
不會再更爛了，再爛就這樣	聽起來真的很糟，我很心疼你遭遇到這些事情。

Q：該怎麼有效的回應呢？有沒有發現非毒性回應的共同點？

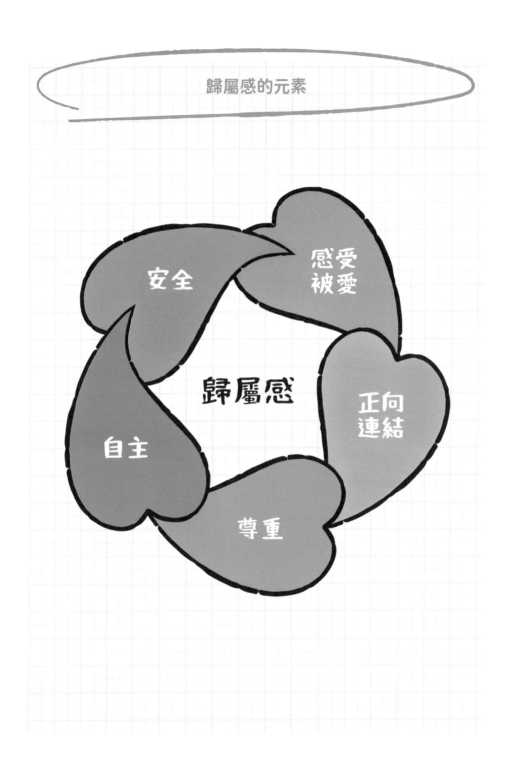

小活動 5：歸屬感元素與生活

Q：哪些元素對你來說是重要的呢？

Q：如果想要在學校擁有歸屬感，你覺得對學生來說，哪些元素是重要的呢？

歸屬感研究

十大影響因子：

1. 學習動機

2. 情緒穩定性

3. 個人特質

4. 性別

5. 種族

6. 父母支持

7. 同儕支持

8. 教師支持

9. 課外活動

10. 安全的校園環境

(Allen et al., 2018)

良好的師生關係與學生的個人特質是建立歸屬感最強的因子。

老師對學校有歸屬感，學生對學校就會有歸屬感。

社會情緒學習會提升學生在校園中的歸屬感。

小活動 6：影片心得

Q：在影片中你會聽到一些學生的分享，請記下至少三個你有感覺的或印象深刻的句子：

歸屬感的關鍵要素

Connection 連結

_____

_____

_____

Communication 溝通

_____

_____

_____

Contribution 貢獻

小活動 **7**：正念立姿

Q：你在活動中身體和心靈分別感受到了什麼？

回家小任務 1：尋找他人的亮點

Q：想想你身邊的人 (伴侶、學生、孩子、同事)，哪個人和你的負向連結最多或最讓你困擾？試試看，找到他 / 她的亮點。

回家小任務 2：身體掃描練習

每天睡前撥出一些時間練習身體掃描吧！

身體掃描的益處

1. 幫助我們回到身體最直接真實的感受，身體的知覺感受是經驗及表達情緒的關鍵。

2. 練習用開放且不帶評價的態度探索身體，有助於停下反覆的思索及痛苦的循環。

3. 用開放及接納的態度面對身體所有的感受，允許它們的存在，有助於將這個態度類化到生活其他事情及壓力上。

身體掃描非一蹴可幾，可以短但是不要斷，

睡前練習，亦能幫助入睡唷！

Liz Fosslien

擁抱多元是讓每個人都有一席之地；包容是讓每個人都有發言權；而歸屬感來自於對每個聲音的重視。

Unit 4

生活不只是生存

Living or Surviving

再忙，也要留點時間照顧自己

Ray N. Kuili

> You keep surviving for too long and you forget how to live.

自我照顧要從生活的小地方做起。

臺中市
國小
輔導老師

有意識地思考作為，將可以有效地讓自己更從容地面對壓力。

臺中市
高中職
國文老師

層面的涵蓋範圍包括到工作，體會到除了與個人相關外，與他人的互動也是息息相關。

臺北市
國小
班級導師

自我照顧有很多面向，壓力也有正反兩面，端看我們自己的渴望與想要前進的方向為何，我們自己是有掌控能力與選擇的。

雲林縣
國小
班級導師

Unit 4
生活不只是生存

　　踏入社會情緒學習旅程的第四章，我們將深入探討一個在生活中無可避免的主題—壓力。壓力是我們適應生活會產生的自然反應，各種事件都可能形成或大或小的壓力。倘若缺乏壓力，生活將會變得沒動力，適度壓力促使我們前進，過度的壓力讓人身心俱疲、表現失常。有些人對於壓力也許有覺知，但鮮少有人注意到自己正在承受多少壓力，更別提要駕馭壓力。

　　研究顯示，我們對壓力抱持的信念會改變它造成的負面影響，所以正確地認識壓力、反思自己的壓力源與因應策略，才會如此重要。隨著我們對生活的要求逐漸增加，正確的觀念才能幫助我們適應更艱鉅的挑戰。

　　本章將介紹壓力的定義、種類、生心理反應、益處及原理，讓我們懂得如何發展復原力，面對生活中各種生命事件，都具備再站起來的力量。

　　我現在的生活很有壓力嗎？該如何有效休息？喘口氣對事情真的會有幫助嗎？慢下腳步可能讓人內心罪惡叢生，但休息的真諦在於自己的意念，是否能在某一刻放開束縛，讓自己有片刻寧靜、療癒自己。

　　不管做任何事情，擁有關懷自己的意向才是關鍵。讓我們一起練習找到自己的方式，從深海般高壓的生活之中暫時浮出水面，喘口氣再繼續吧！

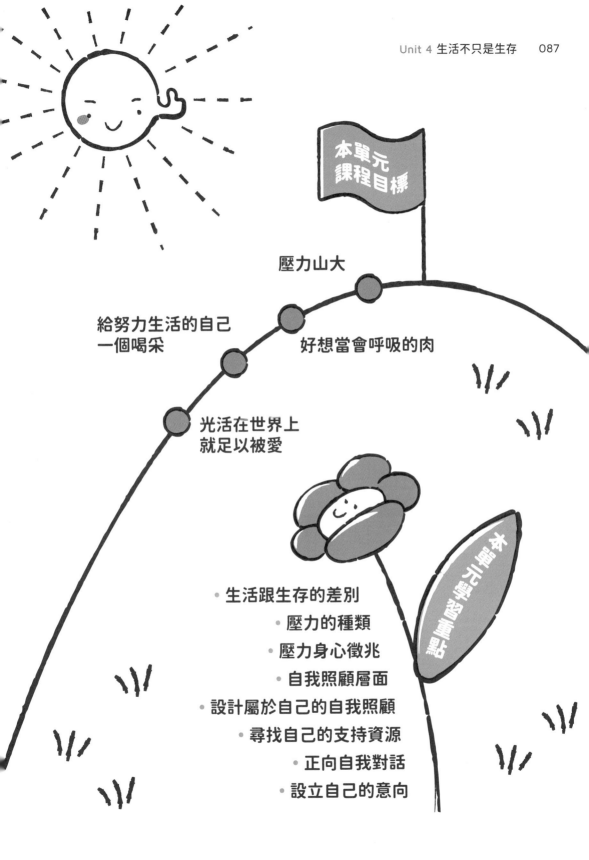

本單元
課程目標

壓力山大

給努力生活的自己
一個喝采

好想當會呼吸的肉

光活在世界上
就足以被愛

本單元學習重點

• 生活跟生存的差別
• 壓力的種類
• 壓力身心徵兆
• 自我照顧層面
• 設計屬於自己的自我照顧
• 尋找自己的支持資源
• 正向自我對話
• 設立自己的意向

小活動 1：生活 vs 生存

💬：常常聽到有人說「人活著需要的是生活，而非只是生存。」
想一想，「生活」跟「生存」的差別是什麼？

小活動 2：我是生活還是生存

○ 早上起床時，我覺得沉重、沒有動力

○ 我常有自我破壞的行爲 (self-sabotaging)，如拖延、濫用藥物、酒精、自傷、自我挫敗等

○ 我允許我的想法或他人的意見，阻礙我追求夢想及更好的發展

○ 我不確定我的人生方向要往哪裡去

○ 我不確定我想要什麼

○ 無論我多努力激勵、逼迫自己，我都缺乏前進的動力

○ 卽使我內心知道我在逆勢而爲，但我仍不知該怎麼停下來

○ 「我想要怎樣就怎樣」，我用我想要的角度看事情，而非看待事情本身的樣子

○ 我起床時，感覺到滿滿的活力與專注力

○ 我把阻礙和挑戰視爲機會，我可以從中建立力量，找到處理與解決的方法

○ 我有時會感覺到曾有的自我懷疑，但我不會讓它阻撓我追求我的目標

○ 我設立方向時，我不會被內在或外在事物阻礙

○ 我花大部分的時間在達成目標的具體行動上，若我的目標是心靈上的進步，我會去冥想；若我的目標是健康，我會運動搭配均衡的飲食，並觀察我的想法與信念

○ 我在往目標前進時，是善良、有耐心、有勇氣且堅毅的

○ 我會觀察並衡量狀況，知道哪時該停下或修正方向，時候到時，我也會適時地放下

○ 我會衡量我內心的慾望跟外在的情況，再決定我要往哪個方向前進

小活動 3：壓力小測驗

Q：你的壓力程度在哪裡呢？

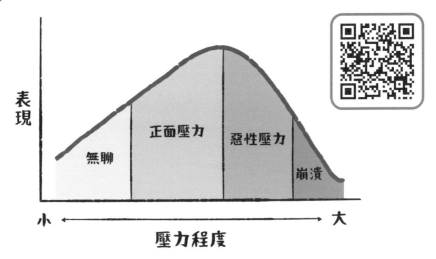

壓力的種類

正面壓力 Eustress	有趣、興奮、正向、使人充滿能量並分泌腎上腺素的壓力
急性壓力 Acute stress	日常生活中短期的正向或是較負面的壓力
疊加性壓力 Episodic acute stress	在同一時間內，多種壓力的到來
慢性壓力 Chronic stress	看似永無止境且無法逃脫的壓力，創傷經驗或是兒時創傷
過勞／崩熬 Burnout	與工作相關的情緒疲勞、超量負荷

壓力的印記

長期壓力

若長時間處於壓力狀態，大腦會不斷活化，持續刺激腎上腺素
皮質醇（又稱壓力賀爾蒙）分泌以因應環境，這種狀態會形成
「毒性壓力」。

生理	發炎、前額葉活動停滯、關節疼痛
心理	會使人們時常處於感受到危機／危險的狀態中，造成持續的恐懼、焦慮、情緒憂鬱及憤怒等情緒
靈性	缺乏動機、興趣及生活目標
行為	生活功能無法正常發揮；轉向「外在」尋求慰藉，以安撫自己，如：喝酒、吸菸、使用毒品、大量攝取食物或從事高危險行為

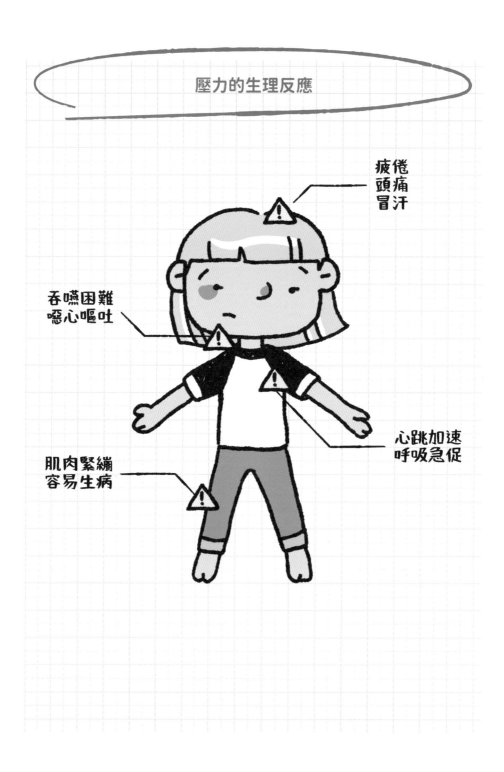

壓力可以是件好事

美國史丹佛大學的健康心理學家 Kelly McGonigal
發現壓力其實並不是害死我們的元兇，他用一
個新的角度來解釋壓力⋯

壓　力　研　究　筆　記　區

小活動 **4**：教師們常見的壓力

💬：教師們常見的壓力源是什麼？

教師們常見的壓力源

- 🔴 大班制
- 🔴 薪水
- 🔴 干擾上課的學生
- 🔴 缺乏管理
- 🔴 工作量太大

- 🔴 親師溝通
- 🔴 負向的工作風氣、校風
- 🔴 他人的評價
- 🔴 缺乏合作時間
- 🔴 教學設備不足

小活動 5：什麼是自我照顧？

Q：對你而言什麼是自我照顧？

自我照顧

　　自我照顧是一種意圖，去關照自己的情緒、生理、健康的需求。自我照顧不一定需要花費很多的時間，即使短短 45 秒，做簡單的深呼吸、沖個熱水澡，沖一杯咖啡，都算是自我照顧的一部份。

　　自我照顧有助於：問題解決能力、同理心、恆毅力、提升自我覺察、正念態度（接納）、自我評價、快樂感受。

　　後設認知是指思考你的想法，這也是自我照顧的開頭，讓我們有能力去思考我們的需求。

小活動 6：自我照顧的定義

Q：將下方的詞彙填入適當的位置中

＿＿＿＿＿＿＿＿＿＿＿是一種＿＿＿＿＿＿＿＿＿＿＿，讓我們

專注在自己的＿＿＿＿＿＿＿＿＿＿上、生理上和精神健康上的

需求。自我照顧能增進問題解決能力、＿＿＿＿＿＿＿＿＿＿和

毅力。作爲老師，我們花費許多的時間與精力在「我們的」

孩子們的成功上。這樣的努力可能是非常耗神的，因此若老

師不另外花時間幫自己充電，他們可能就無法拿出最好的

教學狀態。自我照顧包含且提升＿＿＿＿＿＿＿＿＿、正

念、＿＿＿＿＿＿＿＿＿和幸福感。＿＿＿＿＿＿＿＿＿的概

念是思考關於你的＿＿＿＿＿＿＿＿＿，它同時也是自我照顧

的開始，因爲後設認知包含仔細的關注自身需要什麼來重獲最

佳狀態。

- -

⬤ 同理心　　　　　⬤ 思考　　　　　⬤ 自我照顧

⬤ 意向　　　　　　⬤ 後設認知　　　⬤ 情緒

⬤ 自我覺察　　　　⬤ 自我評價

自我照顧的步驟

⚫ 接納自己的感受

⚫ 生理層面：吃好睡好、維持運動習慣

⚫ 身體層面：同理自己的感受、覺察呼吸、身體掃描

⚫ 心理層面：給自己沉澱的時間、創造生活的儀式感、懷著
感恩的心、做有創造力的事情(嘗試新菜色、旅行、畫畫、
攝影)、看表演、追劇、讀喜歡的書、當志工

⚫ 健康的人際關係

⚫ 管理想法：永久性 / 普遍性 / 個別性 / 自我鼓勵

⚫ 聰明過生活：規律生活 / 打造自己的舒適圈 / 設定 best
me 的模樣

小活動 **7**：我的支持小手

💬：當我遇到困難時，我可以找誰幫忙？畫下自己的手掌，
　　想想自己可以求助的對象，把他填入自己手指的位置來
　　完成自己的支持小手吧！

小活動 8：距離化練習

💬：回想你之前遇過的挫折？那時候發生什麼事情？

Q：若你可以回到過去，你可以怎樣鼓勵自己？

小活動 9：寫下你的 intention

Q：試著幫自己設立一個意向（intention）吧！

小活動 10：給自己的承諾

Q：想想看，剛剛所學的自我照顧方法中，近期可以使用哪些方法讓自己更接近自己的 intention？爲了更接近 intention，讓我們來設一個 smart goal 吧！

SMART goal

具體的（specific）
問：
　　我想＿＿＿＿＿＿＿＿＿＿＿＿＿＿＿＿＿＿＿？

可量化的（measurable）
問：
　　我怎麼知道我達成＿＿＿＿＿＿＿目標？

可達成的（attainable）
問：
　　我要如何達成目標？

現實的（relevant）
問：
　　我覺得爲什麼＿＿＿＿＿的目標對我是重要的？

有期限的（time-related）
問：
　　我想什麼時候可以達成目標？

Q：用了這個方法後，生活會有什麼不同？

Q：在使用這個方法的過程，可能遇到什麼困難？

Q：遇到困難時，我可以用什麼具體行動讓事情迎刃而解？

小活動 11：慈愛正念練習

💬：在慈愛正念練習中，我們要練習分別對自己、對自己重要的人、不熟悉的人、自己所討厭的人發送祝福與善意。請你分別將自己、對自己重要的人、不熟悉的人、自己所討厭的人帶入下方的語句中，每個句子重複兩次。

● 願「＿＿＿＿＿＿＿」是安全且受到保護的

● 願「＿＿＿＿＿＿＿」是健康的

● 願「＿＿＿＿＿＿＿」對自己與他人是溫暖慈悲的

● 願「＿＿＿＿＿＿＿」是安全且受到保護的

● 願「＿＿＿＿＿＿＿」是健康的

● 願「＿＿＿＿＿＿＿」對自己與他人是溫暖慈悲的

● 願「＿＿＿＿＿＿＿」是安全且受到保護的

● 願「＿＿＿＿＿＿＿」是健康的

● 願「＿＿＿＿＿＿＿」對自己與他人是溫暖慈悲的

● 願「＿＿＿＿＿＿＿」是安全且受到保護的

● 願「＿＿＿＿＿＿＿」是健康的

● 願「＿＿＿＿＿＿＿」對自己與他人是溫暖慈悲的

回家小任務 1：自我照顧套餐

💬：制定各個層面的自我照顧方法，將它運用在生活試試看吧！記得觀察自己的情緒有沒有什麼改變！

範 例

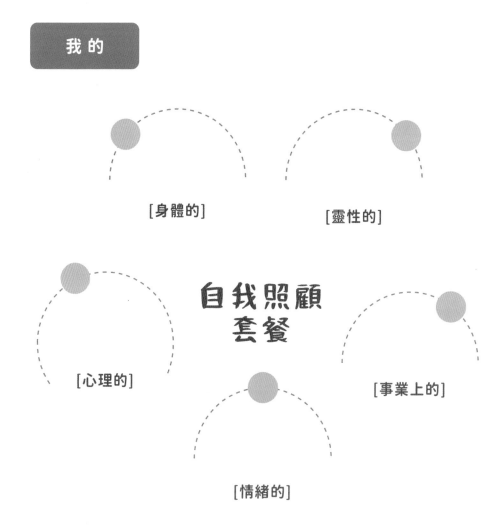

回家小任務 2：自我慈悲觀想練習

　　在繁忙的工作生活之中，你是不是也常覺得精疲力盡呢？就算上班時間結束，看到工作或家長的訊息就算不想點開，還是基於責任心點開了訊息，不小心就開始加班工作。當雜事一件一件處理完之後，常常一天就不知不覺過去了。我們每天花了很多時間在處理周遭的事情，但有沒有適時地撥一些時間給自己呢？

　　請記得感謝這個努力生活的自己，盡力去做每一件事情是很不容易的，雖然不是所有事情都能達到盡善盡美，但還是記得要適時放過自己，有時稍微鬆開那些要求跟期待，讓自己喘口氣也是必須的。不是非得要累到精疲力盡才能夠休息，練習把那些「我做不好」、「是不是我哪裡沒有做好，所以事情才……」放在旁邊。給自己一段時間，允許自己放空、休息，做些喜歡的事情，告訴自己「我很努力了，我真棒」、「無論如何，我都是一個值得被愛的人」。

　　每天找 15 分鐘，聽聽下面的 QR code，給自己一個靜下來休息的時間吧！靜下心，感謝並祝福自己與他人。

Unit 5
人生的藍圖

Growth and Fixed

歸屬到理想，人生的意義在哪裡？

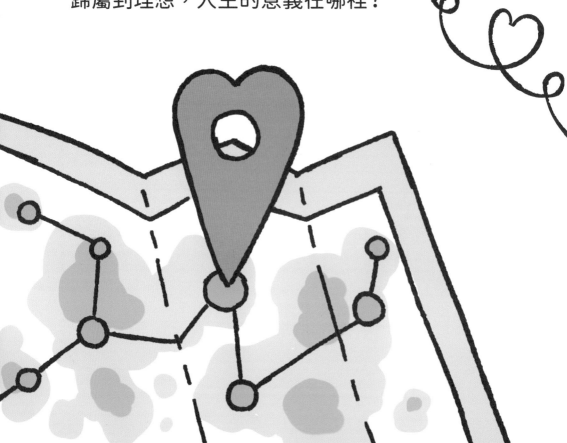

Ronald E. Osborn

Undertake something that is difficult, it will do you good. Unless you try to do something beyond what you have already mastered, you will never grow.

新北市
國小
班級導師

「原以爲敬畏的感受只是一種感覺，現在瞭解到持續保有敬畏的感受可以調節情緒。」

花蓮縣
國小
國文老師

我本以爲定向心態是慣性，很難改變，但其實嘗試改變想法，轉化語法，可以朝向成長心態成長!

臺北市
國中綜合
活動老師

我一開始認爲SEL是怎麼在社會中有良好的情緒，後來我才意識到應由安定的自己來發揮影響力。

臺中市
國中自然科
老師

原來教師的心態也會影響學生的學習，教師保持成長心態，對於師生而言是雙贏。

Unit 5
人生的藍圖

來到社會情緒學習旅程的第五站，我們將探討一個深刻且令人深究的主題—人生意義。對於許多人來說，尋找人生意義是無盡的探索。隨著年齡增長和生活繁忙，我們可能逐漸陷入忙、盲、茫的情境，在生活中感到些許的無奈，找不到生命的火花。但其實從我們出生的那刻起，就在不斷自我超越和成長，塑造自己生活的意義。

無論是第一次學會站立、聞到花香、看見大海，這些看似簡單、自然而然的事情，其實都是透過挑戰極限或尋求新體驗創造的珍貴時刻。我們不必做多壯烈的舉動來創造意義，而是其中的新體悟和改變讓這趟旅程值回票價。

這一章我們將探究生命意義、成長心態以及敬畏、感恩、利他的功能與益處，建立不斷嘗試和學習的勇氣，同時透過敬畏與感恩的情緒，找到自己想追求的生命價值。

我想活成什麼模樣？我曾經夢想當老師，也有過很多嚮往，但我能達到自己的理想嗎？這樣的迷茫或缺乏勇氣，其實可以透過學習來改變心態，練習轉換念頭，最終影響我們的行為和表現。

如同我們旅程的第一站所學，「改變從來都不嫌晚」，讓我們重新燃起對生命的熱情，像新生兒一樣探索並活出自己理想的人生旅程吧！

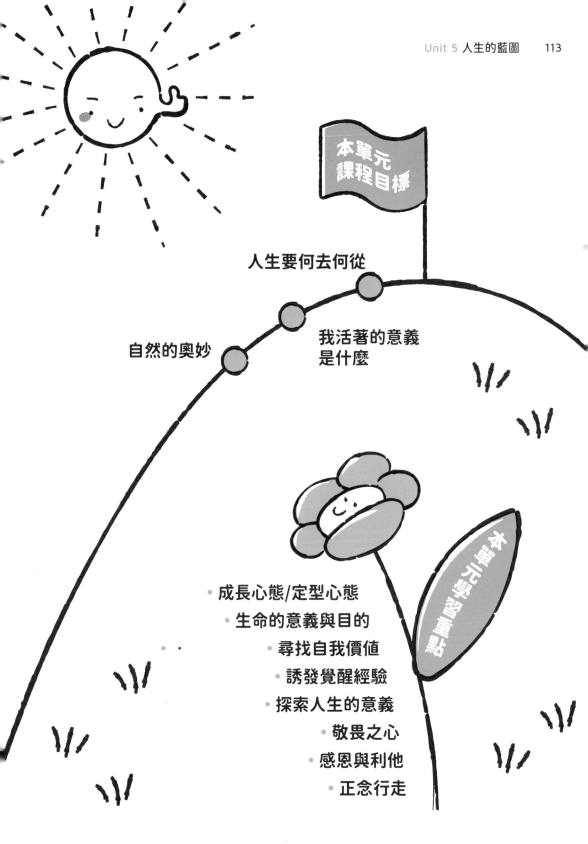

本單元課程目標

人生要何去何從

自然的奧妙

我活著的意義是什麼

本單元學習重點

• 成長心態/定型心態
• 生命的意義與目的
• 尋找自我價值
• 誘發覺醒經驗
• 探索人生的意義
• 敬畏之心
• 感恩與利他
• 正念行走

小活動 1：幸福理論 PERMA Plus

Martin E. P. Seligman 正向心理學之父

P 正向情緒 (positive emotion)

E 全心投入 (engagement)

R 人際關係 (relationships)

M 生命意義 (meaning)

A 成就感 (accomplishment)

小活動 2：謝謝你選擇當老師

Q：寫下五個你當老師的原因：

小活動 3：生命的意義？

Q：說到生命的意義，我會想的是：

人生意義的定義

　　根據正向心理學，人生於世無法離群索居，而有「歸屬感」的需求；面對浩瀚宇宙，顯現自我的渺小，唯有超越自我、實現自我，方能領悟人生意義。

　　人生意義的定義會因人而異，我們可以透過服務與貢獻，或是尋求專業的協助，逐步找回自己的優點與價值，進而感受生命存在的意義，並發揮自己的長處實現自我。具體而言之，人生的意義與「願意付出的心意」有關，如：對許多家長來說，意義來自於照顧好孩子；對於教師來說，意義來自於教導學生；對於醫生來說，則是醫療好病人。

　　根據美國賓州大學心理學傑出講座教授Angela Duckworth的研究，他將這種意義看作是生命的「目的」。這種目的大多都是「利他」的。也就是說，我們人生最終的意義，回歸其本質，都會和幫助他人有關。

　　美國喬治梅森大學心理學教授 Todd Kashdan 團隊（2009）的研究顯示，發現人生的意義有助於我們更健康、更有韌性，並提升生活的滿意度。

發現生命的意義

存在主義心理學家和精神分析學教授 Viktor Frankl（1969）提出實現三種價值來發現生命的意義：

1. 創造性價值：

是指透過某些工作或嗜好所建立的關係，以及生命中的付出和貢獻，來找到事物的內在價值。

2. 經驗性價值：

是指透過對世界真、善、美的接納和感受所經驗的意義，包含對文學作品的欣賞或從生活中體驗愛的感覺。

3. 態度性價值：

是指面對不可改變的命運，例如死亡、病痛、苦難時，所衍生而來的立場，生命的短暫更彰顯出意義的重要性，讓人類去思考自己為何而活，能採用「自我超越」的方式來反觀自己，更能把握機會及珍惜時光，強化個人意義的追尋與實現。

小活動 **4**：我的價值

Q：想一想，你曾經在什麼狀況下感覺到「我是有價值的」？
那是屬於上述三種價值的哪一種呢？

覺醒經驗

覺醒經驗是什麼感覺？

你可能感受到……

- 正向情感狀態(包括興高采烈或平靜，沒有恐懼和焦慮)

- 強化感知

- 連結感(可以是與其他人、自然或整個宇宙的連結)

- 愛和慈悲心

- 時間感知的改變(通常包括強烈存在的感覺)

- 一種更深層次的了解(好像這個人開始意識到通常是模糊的現實)

- 內心平靜的感覺(頭腦中的思緒減慢或變得安靜)

誘發覺醒經驗的因素

- 在經歷壓力、憂鬱或失落之後

- 接觸大自然

- 靈性的練習，如：正念、瑜珈、禪修

成長心態與定型心態 Growth and Fixed Mindset

▼定型心態	▼ V.S.	▼成長心態
與生俱來，難以改變	聰明才智	可以後天培養
逃避挑戰	面對挑戰	擁抱挑戰
容易放棄	面對阻礙	堅持不懈
認爲努力是徒勞無功	對努力的態度	認爲努力是達到卓越的途徑
忽視有益的負面回饋	看待批評	願意從批評中學習
認爲他人的成功會帶來威脅	看待他人的成功	從他人成功中得到啟示與激勵

　　史丹佛大學教授 Carol Dweck 是智力增長理論的權威，2006 年她出版的《Mindset 心態致勝：全新成功心理學》一書，創下 AMAZON 暢銷書排行榜最長紀錄。Dr. Dweck 一生奉獻於研究「動機心理學 (motivation)」：是什麼力量促使並維持我們朝向某一個目標前進？又是什麼力量令我們成長，讓我們在遇到挫折時不放棄？針對這兩個問題，她提出了成長心態 (Growth mindset) 與定型心態 (Fixed mindset) 這兩個概念。

　　擁有成長心態 (Growth mindset) 的人，認爲失敗只是一個過程，只要努力就能夠改變，相信人的能力是可以透過努力、學習與鍛煉，獲得培養及改善的機會。相反的，抱持著定型心態 (Fixed mindset) 的人，認爲聰明才智、社交能力、創造力等都是天生的，因此常常卻步，往往會將失敗歸因於不能改變的因素。

小活動 **5**：我是定型還是成長型心態？

Q：看看自己是定型還是成長型心態呢？

(　　) 1. 有一些事是我永遠都不可能拿手的。

(　　) 2. 當我犯錯時，我試著從中學習。

(　　) 3. 當他人做得比我好時，我感到備受威脅。

(　　) 4. 我喜歡走出舒適圈。

(　　) 5. 當我在他人面前展現我的聰明或天分時，我會覺得很有成就感。

(　　) 6. 他人的成功使我大受激勵。

(　　) 7. 當我可以做到他人做不到的事時，我感覺很好。

(　　) 8. 改變我的智力是有可能的。

(　　) 9. 我不該嘗試變聰明，人要不是天生聰明，就是不聰明。

(　　) 10. 我喜歡接受我不熟悉的新挑戰或任務。

資料來源：The Growth Mindset Coach: A Teacher's Month-by-Month
Handbook for Empowering Students to Achieve（成長性思維
學習指南）by Annie Brock and Heather Hundley

成長心態的研究筆記區

如何在校園中培養成長型心態

1. 教導學生大腦跟肌肉是一樣的，是可以被鍛煉的

2. 花一整堂課的時間來探討這個概念

3. 常使用「還沒(yet)」與「仍在(still)」來激勵學生繼續進步

4. 獎勵努力，而不是能力

5. 多談過程，少談結果

6. 當良好的楷模。把自身的錯誤當作教導的機會

建立人生意義的方式

⚫ 閱讀

⚫ 將創傷轉為助人的力量

⚫ 聆聽他人對你的欣賞

⚫ 尋找、建立歸宿感

⚫ 分享自己的生命故事

⚫ 培養敬畏(Awe)、感恩(gratitude)、利他(altruism)之心

小活動 6：探索人生的意義

Q：**在過去的人生經驗中，你曾經從哪些經驗中汲取人生的意義？如：從閱讀、嘗試新的事物、有助人的經驗、他人曾如何稱讚過你等等，這些事情對你造成什麼樣的影響？**

Q：在經歷過這些事情之後，你發現人生哪個元素或事物對你而言是重要的？

小活動 7：大自然的敬畏之心

💬：敬畏的感受與自然療癒可以促進我們的福祉、超越自我。
看完影片後，你有什麼感受？

敬畏之心（Awe）

敬畏（Awe）

　　指對於廣大、震撼事物的反應與感受，如接觸大自然、古蹟、美麗事物時，對事物的美與奧妙所生的感嘆與尊重。

 敬畏對我有什麼益處？

◯ 有助於調節呼吸速率

◯ 渺小的自己

◯ 謙虛

◯ 有助認知適應

◯ 時間感減慢

◯ 與人連接

◯ 提升正向情緒與幸福感

◯ 提升生活滿意度

◯ 促進利他

小活動 8： 我的感恩海報

「感恩」可以是一種情緒、態度、美德、習慣、人格特質、因應方式…也是正向心理學 24 個性格優勢中，最能預測幸福感的性格優勢。研究告訴我們常保持感恩的人能讓快樂更長久，改善心理健康、促進人際關係，讓自己更加幸福。

：讓我們來一起來練習感恩吧，將你所感激的人事物製作成一張屬於自己的感恩海報。

我感謝……

I am grateful for…

小活動 9：祝福快遞

💬：剛剛我們對過去或現在的事情寫下了感恩，現在讓我們給現在及未來的自己、他人一些祝福。

祝　福　我

祝 福 他 人

小活動 10：正念走

Q：跟隨錄音檔一起練習放鬆走路吧，在下方寫下你有什麼感覺！

回家大家一樣也可練習唷！

回家小任務 1：製造生活的敬畏感

回家找一張可以帶來敬畏感受的照片，放在電腦桌面一週。傳到社群，跟其他人分享吧！也可以記下你有什麼改變。

回家小任務 2：感恩日記

▼日期	▼感謝主題	▼你感謝的事情是？
第一天	今天發生最棒的事	
第二天	週末發生最好的事情是	
第三天	讓我洋溢微笑的人	
第四天	愛你的人	
第五天	你愛的人	
第六天	讓我放鬆的地方或事情	
第七天	我今天做得很棒的地方	

Carol S. Dweck

Becoming is better than being.

Unit 6

駕駛SEL
宇宙飛船

Theory to Practice

從理論到實務，種下SEL種子

Ma Muse

It is time now, it is time now that we thrive, it is time we lead ourselves in to the well.

高雄市
國小
英語老師

SEL是長期、全校的活動；要先照顧好自己！

臺北市
國中
英語老師

SEL就是情緒的妥適與安定、SEL是全面性的全人教育，不單是個人的生命教育而已。

新竹市
高中職
數學老師

開放的身體、腦、心，讓包容與支持附著正向力，長在每一個人與人、人與自己，人與天地的串聯裡。

Unit 6
駕駛 SEL 宇宙飛船

進入社會情緒學習旅程的最後階段，我們將迎接一個具挑戰性的主題 — 實踐社會情緒學習。我們深知，要將社會情緒學習融入生活和教育體系中需要克服許多挑戰，包括來自不同背景和價值觀的人之間存在的理解差距，或適應不同年齡段學習者的需求等，這些障礙可能使實踐 SEL 變得更加複雜。幸運的是，世界各地的政府或教育界都意識到社會情緒學習的實踐是個值得投入的項目，它雖無法在短時間內完成，但我們理解它能帶來的深遠影響。

社會情緒學習不僅僅是一堂課程或教材，它是一種持久的人生態度，一項需要廣泛參與的社會工程。要實現這個目標，需要集結眾人的力量，透過家庭、社區和學校之間的協作，共同為年輕一代營造出一個更友善、更包容的教育環境。

本章將探討落實 SEL 會遇到的阻礙以及各個層面的實踐方針，讓我們全觀地理解如何營造支持社會情緒學習環境，並且帶著前人的知識和經驗，加速社會情緒學習精神的實踐。

如果您認同社會情緒學習的價值和理念，那麼我們誠摯地邀請您參與這個旅程。一起將社會情緒學習帶入您的校園、家庭和生活中，讓我們共同為一個更具情感智慧、更平等和諧的社會而努力。

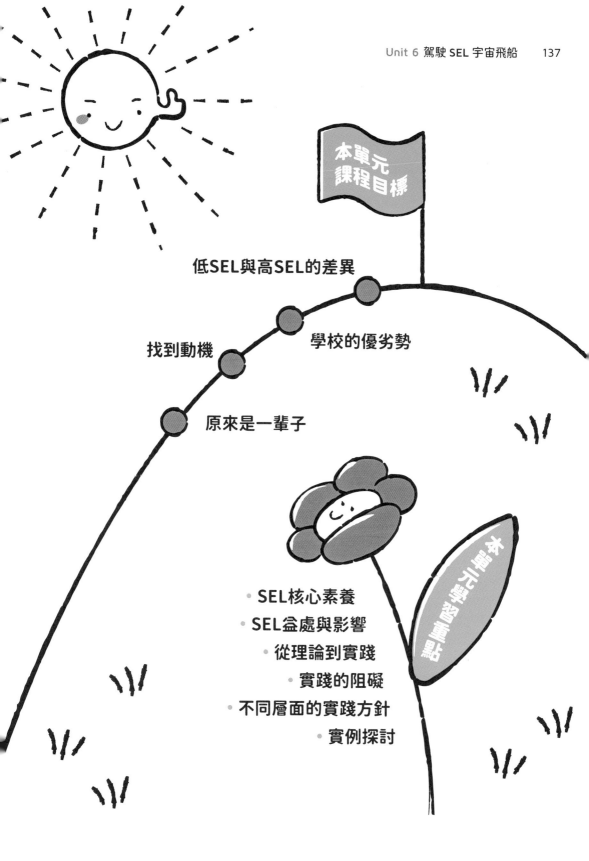

本單元
課程目標

低SEL與高SEL的差異

找到動機

學校的優劣勢

原來是一輩子

本單元學習重點

- SEL核心素養
- SEL益處與影響
- 從理論到實踐
- 實踐的阻礙
- 不同層面的實踐方針
- 實例探討

想一想，如果教育是為了未來做準備……

Q：學生離開學校時，學會些什麼？能做些什麼？

Q：哪些知能的訓練是重要的，能夠幫助學生們發揮潛力？

Q：會希望學校這個大環境長什麼樣子？給人什麼感覺？

Q：我們與學生需要些什麼，才能學習與成長？

我希望學生可以學習或擁有…

小活動 1： 那些年我們一起學的

Unit 1 大腦的 潘朵拉盒子	Unit 2 R&R 之間 · 辨識到調節	Unit 3 我的優勢 （U4）力	Unit 4 生活 不只是生存	Unit 5 人生的 藍圖

小活動 2：尋找 SEL

Q：Unit1 至 5 上的活動可以對應到哪裡呢？

小活動 **3**：highlight 自己有的 SEL 精神

Q：用筆圈出自己有的 SEL 精神，用另一個顏色的筆標記出自己還能加強的部分吧！

社會情緒學習(SEL)，是教育和人類發展不可或缺的一部分。SEL 是所有年輕人和成人獲得並有效應用知識、技能和態度來發展健康的自我意識、情緒管理和實現個人與集體目標、對他人展現同理心、建立以及維持支持性的關係，和做出負責任與充滿愛心的決策。

通過學校－家庭－社區眞誠的夥伴關係，社會情緒學習能有效的促進教育公平性與卓越，從中建立一個富有信任感、合作關係、嚴謹且有意義的課程和教學方式與可被持續評估的學習環境與體驗。SEL 可以幫助解決各種形式的不平等，並賦能年輕人和成年人一同創造卓越的學校，並爲安全、健康和公正的社區做出貢獻。

SEL 益處

- 有助於提升學業表現、降低情緒及行爲困擾
- 影響長遠
- 投資報酬率高
- 社會情緒能力有助於未來發展

小活動 4：Why SEL?

Q：每個人選擇 SEL 的原因都不盡相同，你爲何想要在校園推廣 SEL?

如果能重來

影片資源分享：

What I Wish I Knew...

District SEL Implementation

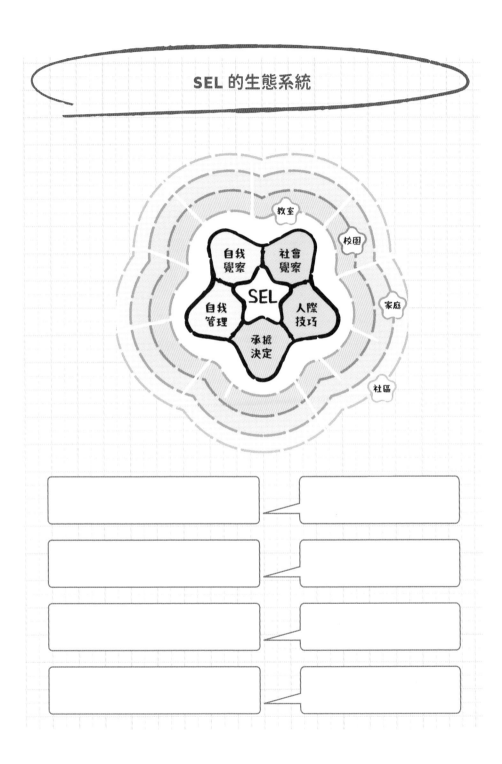

小活動 5：Edutopia 影片分享

Q：影片中，他們是如何在教室層級實踐直接性的教學、融入學科和讓學生參與並聆聽他們的聲音呢？

SEL 的學校、家庭與社區層面

筆 記 區

小活動 6：我的學校也有亮點

Q：將貴校已經擁有的 SEL 特長打勾，尚有進步空間的打上星號。

○ 直接性教學

○ 融入學科

○ 學生的聲音與參與

○ 支持性的校園氛圍

○ 重視成人 SEL

○ 支持性的校園政策

○ 整合性支持

○ 真誠的家庭合作

○ 與社區擁有共同目標

○ 建立能持續進步的系統

Q：如何在校園中推廣 SEL（實施的過程）

小活動 7：我們的 Why 在哪裡？

Q：在您學校有看到什麼問題？

Q：你會遇過童年有陰影、創傷或被霸凌的孩子嗎？

Q：那段相處對你而言是什麼樣的經驗？

Q：有什麼環境因素會造成您學校的問題呢？

Q：如果你第一次走進自己的學校，一個人也不認識，你會
注意到什麼？

Q：你曾經覺察自己或同事過勞嗎？若有，你的學校有資源
或支持系統嗎？

小活動 8：從書本到生活

Q：想想看你經過這六單元，你的改變是什麼？

Q：如何做一個好的楷模？

SEL 的是與不是

BEST ME 團隊想跟老師們說

改變世界前先把自己照顧好

Dr. Marissa, 2021

一個人無法改變世界，很多人陪你一起，
BEST ME 的大家陪你一起改變世界。

我不是不夠好
我是往變得更好的路上

邁向幸福的療癒之旅：
BEST ME 教師社會情緒學習指南

總　編　輯｜陳學志

作　　　者｜吳怡萱、陳學志

行 政 協 助｜蔡孟寧、李佳宸

出　　　版｜國立臺灣師範大學出版中心

發　行　人｜吳正己

出版總編輯｜廖學誠

執 行 編 輯｜陳靜怡

美 術 設 計｜扣乙図設 吳珮瑜

插　　　畫｜扣乙図設 吳珮瑜

排　　　版｜蔡旻珈

電　　　話｜(02)7749-5229

傳　　　眞｜(02)2393-7135

信　　　箱｜libpress@ntnu.edu.tw

初　　　版｜2024 年 6 月

初版三刷｜2024 年 11 月

售　　　價｜新臺幣 350 元

ISBN｜978-626-7495-00-1

GPN｜1011300712

邁向幸福的療癒之旅：BEST ME 教師社會
情緒學習指南 / 吳怡萱，陳學志著.
-- 初版. -- [臺北市]：國立臺灣師範大學
出版中心, 2024.06
　　面；　　公分
ISBN 978-626-7495-00-1(平裝)
1.CST：情緒教育　2.CST：情意教育
521.18　　　　　　　　13007759